ALPHABET-BUFFON

PARIS
BERNARDIN-BÉCHET, LIBRAIRE-ÉDITEUR
31, QUAI DES AUGUSTINS, 31

ALPHABET-BUFFON

ABC

DES

PETITS ENFANTS

ILLUSTRÉ

DE 32 JOLIES GRAVURES

PARIS
BERNARDIN-BÉCHET, LIBRAIRE-ÉDITEUR
31, QUAI DES AUGUSTINS, 31

LE CERF — LA BICHE — LE FAON

— 3 —

LETTRES MAJUSCULES

A B C D E
F G H I J
K L M N O
P Q R S T
U V X Y Z

---

a b c d e f g h i
j k l m n o p q
r s t u v x y z

— 4 —

A B C D E F
G H I J K L
M N O P Q R
S T U V X Y Z

a b c d e f g h i j k l
m n o p q r s t u
v x y z

VOYELLES

a e i o u y

ACCENTS
accent aigu   accent grave   tréma   accent circonflexe

é è ë ê

1 2 3 4 5 6 7 8 9 0

I II III IV V VI VII VIII IX X

ba	be	bé	bè	bi	bo	bu
ca	ce	cé	cè	ci	co	cu
da	de	dé	dè	di	do	du
fa	fe	fé	fè	fi	fo	fu
ga	ge	gé	gè	gi	go	gu
ja	je	jé	jè	ji	jo	ju
la	le	lé	lè	li	lo	lu
ma	me	mé	mè	mi	mo	mu
na	ne	né	nè	ni	no	nu
pa	pe	pé	pè	pi	po	pu
ra	re	ré	rè	ri	ro	ru
ta	te	té	tè	ti	to	tu
va	ve	vé	vè	vi	vo	vu

MOTS DE 2 SYLLABES

pa-pa   mi-di   da-da   ca-fé
ro-be   lo-lo   na-nan   rai-sin
gâ-teau   jou-jou   bal-lon   oi-seau
din-don   mon-tre   lu-ne   li-vre

MOTS DE 3 SYLLABES

fa-mil-le   heu-reu-se   vé-ri-té
ce-ri-sier   pro-pre-té   hom-ma-ge
mé-ri-te   fa-ri-ne   vi-sa-ge
bra-ce-let   ré-ser-voir   sa-van-te

MOTS DE 4 SYLLABES

pro-me-na-de   re-con-nais-sant
cha-ri-ta-ble   cul-ti-va-teur
ré-com-pen-se   ca-ma-ra-de
fra-ter-ni-té   ca-val-ca-de

A AI-GLE  a ai-gle

B BOU-QUE-TIN  b bou-que-tin

C CHIEN  c chien

D  d

DRO-
MA-
DAI-
RE

dro-
ma-
dai-re

E  e

É-LÉ-
PHANT

é-lé-
phant

F  f

FOUR-
MI-
LIER

four-
mi-
lier

G g
GUÉ-PARD
gué-pard

H h
HI-BOU
hi-bou

I i
I-SA-TIS
RENARD BLEU
i-sa-tis
renard bleu

J      **j**

JA-GUAR   ja-guar

K      **k**

KA-KA-TOÈS   ka-ka-toès

L      **l**

LION   lion

M MOU-TON  **m** mou-ton

N NA-TON-NIER  **n** na-ton-nier

O OURS  **o** ours

P p
PORC-É-PIC porc-é-pic

Q q
QUIN-QUA-JOU quin-qua-jou

R r
RE-NARD re-nard
FEN-NEC fen-nec

S
SIN-
GE

S

sin-ge

T
TAU-
REAU

t

tau-
reau

U
U-NAU

u

u-nau

V VEAU MA-RIN   **V** veau ma-rin

X XAN-DA-RUS xan-da-rus   **Y** YACK yack

Z ZÈ-BRE   **Z** zè-bre

Voilà le gros toutou, l'ami des enfants et le meilleur chien du monde; il se laisse monter sur le dos et prendre par les oreilles sans grogner jamais.

Il faut pourtant éviter de le tirer par la queue, ça le fait souffrir et personne assurément ne voudrait faire du mal à cette bonne bête qui défend son maître, caresse les enfants et se jette à l'eau pour retirer les gens qui se noient. L'an passé, le petit Charles a été retiré du canal par le chien de Terre-Neuve dont vous voyez le portrait.

Miaou, miaou! Entendez-vous les petits chats? Comme ils sont mignons et gracieux dans leurs jeux; ils sautent, se roulent et gambadent comme de véritables singes, et quand ils font la Polichinelle, on ne peut les regarder sans rire. Ils sont bien gentils, les petits chats! mais il ne faut pas les maltraiter parce qu'ils cachent sous leurs pattes de velours des griffes aiguës dont ils savent très-bien se servir.

PARIS
IMPRIMERIE S. RAÇON & COMP.
RUE D'ERFURTH, 1

www.ingramcontent.com/pod-product-compliance
Lightning Source LLC
Chambersburg PA
CBHW071419060426
42450CB00009BA/1953